ຍານພາຫະນະ

ໂດຍ ອານຸສິດ ເທບໄພສອນ
ຮູບໂດຍ ໄມເຄິນ ແມກປັນເຕ

Library For All Ltd.

ຍາບພາທະບະ

ພິມຄັ້ງທໍາອິດ 2022

ຈັດພິມໂດຍ: ອົງການ Library For All
ອີເມວ: info@libraryforall.org
URL: libraryforall.org

ຮູບແຕ້ມຕົ້ນສະບັບໂດຍ ໄມເຄິບ ແມກປັບເຕ

ຍາບພາທະບະ
ອານຸສົດ ເທບໄກສອນ
ISBN: 978-9932-14-023-7
SKU02479

ຍານພາຫະນະ

ລິດຖຶບ

ລິດຈັກ

ລິດເກົ້ງ

ລິດບັນທຸກ

ລິດຕຸກຕຸກ

ລິດຖັງ

ເຮືອຫາປາ

เรือใบ

ເຣື່ອງຄຳນ້ຳ

ຍິບ

ຍິບເຣລິກິບແຕ້

ຂໍ້ມູນທາງບັນນາບຸກິມຂອງຫໍສະໝຸດແຫ່ງຊາດ

ອານຸສິດ ເທບໄກສອນ
  ຍາບພາທະນະ / ໂດຍ ອານຸສິດ ເທບໄກສອນ.
  -- ວຽງຈັນ: ປຶ້ມອານ, 2022
  18 ໜ້າ : ພາບປະກອບສີ ; 26 ຊມ
  1. ວັນນະກໍາສໍາລັບເດັກ
  I. ຊື່ເລື່ອງ
808.068 -- dc21
  ເລກທະບຽນພິມຈໍາໜ່າຍ: 064 / ອພຈ07052037
  ISBN 978-9932-14-023-7

ເຈົ້າສາມາດໃຊ້ຄຳຖາມດັ່ງລຸ່ມນີ້ເພື່ອ
ສືບທະບາກ່ຽວກັບເລື່ອງທີ່ອ່ານກັບ ຄອບຄົວ,
ໝູ່ ແລະ ຄູອາຈານ.

ເຈົ້າໄດ້ຮຽນຮູ້ຫຍັງຈາກເລື່ອງນີ້?

ຈົ່ງອະທິບາຍເລື່ອງນີ້ ໂດຍໃຊ້ຄຳບັບຍາຍ
1ຄຳ. ຕະຫຼົກ? ຢ້ານ? ມິສິສັນ? ໜ້າສົນໃຈ?

ເມື່ອອ່ານຈົບແລ້ວ,
ເລື່ອງນີ້ໃຫ້ຄວາມຮູ້ສຶກຫຍັງແດ່?

ໃນເລື່ອງນີ້, ເຈົ້າມັກສິ່ງໃດຫຼາຍທີ່ສຸດ?

ຄ້າວໂລດແອ່ບ
getlibraryforall.org

ກ່ຽວກັບຜູ້ປະກອບສ່ອນ

ອານຸສິດ ເທບໄກສອນ ເປັນ ຄົນລາວ ທີ່ມັກເຮັດກິດຈະກຳນອກບ້ານ
ຫຼາຍຢ່າງ ເຊັ່ນ ຫຼື້ນດົນຕີ ຮ້ອງເພງ, ປູກຕົ້ນໄມ້ ຫຼາຍໆຊະນິດ
ເອົາໄວ້ແຍ່ງເບິ່ງ ຫຼື ແບ່ງປັນໃຫ້ໝູ່ເພື່ອນ. ໃນຍ່ມາ ອານຸສິດໄດ້ຮຽນຮູ້
ທີ່ຈະຮັກການອ່ານ ແລະ ໄດ້ເຫັນສິ່ງໃໝ່ໆ ໂລກໃໝ່ໆ
ຜ່ານປຶ້ມຫຼາກຫຼາຍຊະນິດ ຈຶ່ງຢາກໃຫ້ເດັກນ້ອຍຄົນລາວ
ໄດ້ຜະຈົນໄພຜ່ານການອ່ານ ຮຽນຮັກການອ່ານ
ຄວບຄູ່ກັບການເຮັດກິດຈະກຳຢູ່ນອກ ເພື່ອພັດທະນາການອ່ານ.

ປຶ້ມທຶວບຶ້ມ່ອບບໍ?

ພວກເຮົາມີປຶ້ມຫຼາຍຮ້ອຍທຶວໃຫ້ເລືອກອ່ານ.

ພວກເຮົາຮ່ວມມືກັບບັກຂຽນ, ຊ່ຽງຊານດ້ານການສຶກສາ, ທ່ຽີກສາທາງດ້ານວັດທະນະທໍາ, ລັດຖະບານ ແລະ ອົງກອນທີ່ບໍ່ຂຶ້ນກັບລັດຖະບານ ເພື່ອນໍາຄວາມເພີດເພີນ ໃນການ ອ່ານໃຫ້ກັບເດັກນ້ອຍທຶວທຸກແຫ່ງ.

ຮູ້ບໍ?

ພວກເຮົາສ້າງການປ່ຽບແປງທີ່ດີໃນຊົງເຂດນີ້ ໂດຍປະຕິບັດ ເປົ້າໝາຍ ການພັດທະນາແບບຍືບຍົງຂອງສະຫະປະຊາຊາດ.

libraryforall.org